CONTRE

LA

RECONNOISSANCE

DE LA RÉPUBLIQUE HAÏTIENNE.

LE NORMANT FILS, IMPRIMEUR DU ROI,

RUE DE SEINE, N° 8, F. S. G.

CONTRE

LA RECONNOISSANCE

DE

LA RÉPUBLIQUE HAITIENNE.

PAR M. COUSTELIN.

PARIS.

LE NORMANT PÈRE, LIBRAIRE,

RUE DE SEINE, Nº 8, F. S. G.

1825.

INTRODUCTION.

La nouvelle position où le ministère vient de se placer fait pousser des cris de joie aux *excellens royalistes* qui sont voués à son culte ; leur jubilation est extrême, tout sourit à leurs vœux : ils plaisantent agréablement sur les craintes que l'on manifeste pour l'avenir. Avec les nouveaux auxiliaires qui vont leur arriver, ils se flattent d'avoir bon marché de ces écrivains *révolutionnaires* qui n'eurent jamais l'esprit de composer leur opinion d'après les aberrations des heureux du moment ; mais qu'en revanche, au jour du malheur, on vit toujours courir se ranger sous l'étendard des lis. Si donc cette ligue ministérielle parvient à les vaincre, son triomphe sera *très-avantageux* à la monarchie.

Un Etat n'est point assez foiblement constitué pour qu'il succombe immédiatement sous les coups qu'on lui porte. Cette disposition fait toute la force sur laquelle s'appuient les perfides flatteurs du pouvoir. Signale-t-on les fautes des ministres, et les conséquences qu'elles doivent avoir : Hommes atrabilaires, s'écrient-ils, où voyez-vous le mal dont vous nous étourdissez? le pain a-t-il manqué aujourd'hui chez les boulangers? les spectacles sont-ils fermés, et les marchands de nouveautés vendent-ils moins de cachemires? Allez, tout le mal est dans votre cerveau. Que répondre à cela? Comme en politique il n'y a point de vérité d'une démonstration mathématique, l'esprit divin rendroit ses oracles, que les pervers ne manqueroient jamais de sophismes pour les combattre. On est donc obligé de s'en rapporter au temps; en attendant, l'imprévoyance unie à l'astuce, traînent, par un chemin couvert de fleurs, le trône vers l'abîme ; arrivé sur le bord, elles l'y précipiteront, et courront incontinent se faire un mérite de leur trahison auprès du nouveau venu : ceux que la légitimité abreuva de dégoûts pendant sa prospérité s'efforceront encore de l'arrêter sur la pente saillante du gouffre, ou se perdront avec elle. Il est très-flatteur pour la légitimité de produire un tel héroïsme ; mais est-il prudent, est-il équitable de mettre constamment la vertu à de si rudes épreuves?

Plusieurs années avant la révolution, un petit nombre d'écrivains faisoient apercevoir les périls dont la France et le trône étoient menacés : les ministériels d'alors, en d'autres termes, les parasites du pouvoir, étouffoient leurs voix importunes : c'étoit à qui leur jetteroit la pierre ; on les accabloit de sarcasmes et d'invectives. Ainsi qu'aujourd'hui, les personnages les plus élevés, conséquemment les plus intéressés à profiter des avertissemens qu'on leur donnoit, faisoient les goguenards, se moquoient des prophètes ; ils mettoient en honneur de prodiguer les faveurs de l'Etat à ses ennemis, de favoriser ouvertement les doctrines qui leur promettoient la perfectibilité indéfinie du genre humain. Au dire des novateurs, il ne devoit plus y avoir d'abus ; tous les hommes alloient vivre comme des frères ; plus de pauvres, plus de prisons, plus de ministres avides et intrigans : hé bien, *nous avons vu exactement tout cela*, grâce à notre *régénération*. Contens d'un si beau succès, nous travaillons à régénérer le monde : espérons qu'il rejaillira encore sur nous un peu des bienfaits dont les peuples de la terre vont nous être redevables ; et que notre *excellente* révolution recevra son plus haut degré de perfection- nement.

Soyons justes : avant 89 il étoit permis de se tromper ; mais aujourd'hui rien n'excuse ces êtres stupides qui se frottent les mains d'un air de satisfaction, quand ils ont réussi à faire adopter des mesures tendantes à ébranler l'édifice social, et qui contemplent, d'un œil hébété et le sourire de Satan sur les lèvres, le vaisseau de l'Etat voguer vers l'écueil.

La France, spécialement Paris, offre, nous dit-on, l'image de la richesse ; cet état de choses n'est pas plus l'ouvrage du minis- tère actuel, que les désordres en tous genres de 90 n'étoient celui des ministres de Louis XVI. La situation présente d'un royaume* est le résultat de combinaisons antérieures. Nos victoires passées avoient importé une grande quantité de numéraire; la guerre d'Espagne ayant comprimé l'es- prit de sédition qui s'agitoit parmi nous, a fait renaître la confiance et sortir l'argent

* Il est constant que notre ministère a fait tous ses efforts pour l'empêcher.

qui restoit enfoui. Des hommes d'Etat habiles eussent cherché à le faire fructifier, cet argent, en ouvrant des canaux, faisant prospérer l'agriculture, défrichant des landes, explorant nos mines de fer, cuivre et plomb, ou bien en faisant des acquisitions lointaines, tout au moins en tirant tout le parti possible de celles que nous possédions. Les nôtres agissent en sens inverse : s'ils avoient pris l'engagement de nous ruiner, ils ne feroient pas mieux. Car cette apparence de richesse dont nous jouissons, étoit venue sans le secours de la réduction des rentes, et de la vente de Saint-Domingue ; pourquoi donc ne pas lui donner le temps de se développer, et opérer ensuite avec toute la maturité de la réflexion. Il y a dans ces entreprises gigantesques, plus que de l'ignorance et de la légèreté. Enfin, au lieu d'employer notre or à ce qu'il nous rapporte, nous le gaspillons, nous l'usons en colifichets, en objets de luxe, ce qui achève d'accroître en nous le vice de dépenser, et de nous créer sans cesse de nouveaux besoins. Nous ressemblons au dissipateur dont la moitié des biens est encore intacte ; il taille, coupe en pleine pièce, puis, arrive le moment de compter : c'est alors que le désordre., fruit de ses sottises, apparoît dans son affreuse nudité.

M. de S...., ayant cité une phrase de moi dans sa dernière brochure, je crois devoir réclamer contre l'interprétation qu'il lui a donnée; cela est d'autant plus nécessaire que des journaux ont répété la phrase et les commentaires.

M. de S.... dit : « Il est juste qu'on trouve pour combattre l'émancipation de Saint-Domingue des choses qui révoltent. Aussi quelqu'un a-t-il écrit : *Il est très-malheureux que, dans cette conjoncture, les cabinets du Nord ne soient point appelés à délibérer sur nos affaires; ils nous auroient sauvés* ». Voilà ce que j'ai écrit. « Quel langage! s'écrie M. de S.... » Ici, continue-t-il, « l'ennemi du ministère rêve pour son pays le joug des Tartares! il regrette pour son Roi la tutelle de l'étranger! Et on s'appelle royaliste en formant de tels regrets! et on ne craint pas d'en faire la confidence tout haut au Roi de France! »

Je répondrai à M. de S .... que la Sainte-Alliance (ou les cabinets du Nord, c'est la même chose, puisqu'ils forment la majorité), s'étant instituée pour le maintien des trônes légitimes, et pour le repos des peuples, a le droit d'intervenir dans toutes les questions de haute politique qui intéressent la grande famille européenne dont elle s'est déclarée le soutien, et de les résoudre suivant qu'elle le juge conforme aux principes qui la dirigent. Or, remarquez qu'en me servant des expressions *appelés à délibérer*, je semble plutôt annoncer le désir qu'ils y eussent été invités, que le regret qu'ils n'aient pas usé de leur droit.

Je ne comprends pas ce que peuvent avoir de commun les Tartares avec un congrès de souverains, et en quoi la dignité du Roi de France se trouveroit blessée de la confiance que je témoigne pour l'auguste tribunal dont S. M. elle-même fait partie.

Naguère un des membres de ce tribunal avoit rassemblé une armée formidable sur les frontières de son Empire ; tout paroissoit être disposé pour l'instant du combat, quand tout à coup cet appareil de guerre disparut. L'opinion publique attribua ce changement à l'intervention des cabinets influens de l'Europe : si la chose est ainsi, comme tout porte à le croire, il est probable que le magnanime empereur de Russie ne pense pas avoir subi le *joug* de la populace de Londres ou de Paris, mais bien avoir déféré aux conseils des rois ses alliés.

Si, avec les meilleures intentions du monde, on peut encore errer dans la manière de servir la gloire et les intérêts des Bourbons, pour moi, je préférerai toujours me tromper en invoquant pour eux les avis bienveillans des monarques qui ont coopéré à les rétablir sur le trône, plutôt que de montrer une tendre sollicitude pour des nègres rebelles qui ont refusé obstinément de se remettre sous leur sceptre paternel.

Je ne me formalise point qu'on trouve mon langage extraordinaire ; j'y suis assez habitué, et c'est pour cela que j'écris, contre ma vocation. Si mon opinion sur les questions politiques, qui sont à l'ordre du jour, étoit conforme à celle de la pluralité, je les laisserois traiter par ceux qui s'en acquittent beaucoup mieux que moi. Je me flatte que si l'on daignoit jeter un coup-d'œil sur les brochures que j'ai publiées depuis six ans, on seroit disposé à me pardonner ma témérité ; et les personnes qui m'ont

entendu pendant dix années, avant la restauration, lorsque Napoléon étoit au comble de sa prospérité, chaque jour prédire,
à mes risques et périls, sa chute et le retour
des Bourbons sur le trône de leurs aïeux :
qui, le jour qu'on annonça l'entrée de
l'armée française à Moscou, furent témoins
des désagrémens que j'éprouvai pour avoir
prédit la retraite et les désastres de cette
belle armée, avec toutes les circonstances
majeures qui ont eu lieu; ceux-là, dis-je, ne
se hâteront pas de condamner mon langage,
ni ma manière de voir.

On blâma également mon langage, lorsque, quatre mois après que MM. de Villèle et
Corbière furent en place, j'écrivis cette
phrase : « Et moi aussi, je me suis fait long-
temps l'agréable illusion de voir combler
le gouffre de nos malheurs »; mais c'étoit
pendant que je voyois des ministères qui se
composoient d'hommes mal intentionnés
ou placés dans une fausse position : je pré-
voyois qu'après tant d'oscillations on en
viendroit à essayer des royalistes; je pensois
que ceux-ci sonderoient le mal, et qu'ils
l'extirperoient jusque dans sa racine. *J'ai vu*

leurs œuvres, et je n'espère plus. Que ces ministres nous gouvernent encore trois ou quatre années, et le mal sera devenu incurable.

CONTRE

LA

RECONNOISSANCE

DE LA RÉPUBLIQUE HAITIENNE.

———•———

C'EN est fait ! l'émancipation de Saint-Domingue est consommée; les principes de la révolte et de la spoliation sont authentiquement reconnus, légitimés ! Il s'est trouvé en France des ministres pour concevoir ce traité immoral et désastreux, des agens pour le signer, comme il se trouve aussi des écrivains pour y applaudir ! Que dis-je? ils font presque chorus, pour célébrer à l'envi la honte et le malheur de la patrie.

Ne voulant point discuter sur les mots, je ne dirai rien du rapport fait au Roi par M. le ministre de la marine. Depuis trente ans nous en avons tant vu, des rapports de la façon de ceux qui nous ont gouvernés, et dans lesquels ils préconisoient leurs cruelles extravagances, que celui-ci ne peut rien offrir qui soit susceptible de piquer la curiosité , ni causer de l'étonnement.

Mais si un rapport étoit indispensable, au moins il auroit fallu s'en tenir là ; nous épargner le récit des fêtes qui ont eu lieu au Port-au-Prince pour solenniser l'événement de l'indépendance. Je conçois que les Haïtiens s'en réjouissent; mais à nous, le rire sied fort mal en cette occurrence; il nous fait horriblement grimacer. On a voulu ne nous faire grâce de rien ; il a fallu boire le calice jusqu'à la lie ; apprendre que l'homme *célèbre*, *illustre*, daignoit se *confier à la loyauté du Roi de France*, connoître son discours, et le ton de suffisance qu'il a mis à le débiter, savoir enfin qu'il a été *réuni deux santés qui ne pouvoient être séparées* : celle de Charles X, puis celle du mulâtre Boyer. On se sent bouillonner le sang dans les veines en lisant cela. Il faut que nous soyons de bien grands misérables, nous, de consentir à végéter dans la misère et les humiliations qui l'accompagnent, quand on peut s'élever à de si hautes destinées par le meurtre et la sédition ! Qu'opposeroit-on à ceux qui oseroient imiter ces *dignes*, ces *généreux* Africains ? Des gendarmes, des cachots, des supplices [1] ? A la bonne heure, si l'on croit qu'il ne faille pas d'autres barrières pour défendre le monarque des criminels attentats d'un sujet !

Je plains sincèrement les Français que le devoir contraignoit d'assister à cette burlesque parade qui s'est jouée au Port-au-Prince ; c'est la répétition d'une scène de notre mémorable 14 juillet, avec la différence qu'en 1790, on proclamoit simplement les

---

[1] Hélas ! si les rebelles étoient royalistes, l'échafaud seroit bientôt dressé. Humanité, clémence, services, tout seroit oublié, foulé aux pieds ; on ne prononceroit que deux mots....... La mort ! Le malheureux Bessières vient d'en fournir la preuve. Mais tandis qu'un royaliste payoit de sa tête un instant d'erreur, on élevoit au rang de souverain un factieux qui a persévéré dans l'impénitence : il y a compensation.

2

droits d'un peuple libre, et en 1825, on cimentoit le droit relevant du poignard. A la première époque aussi, on accabloit d'éloges et de feintes carresses, le Roi qu'on dépouilloit et dont on tressoit déjà la couronne du martyre.

On demeure stupéfait en voyant des hommes d'Etat, sans talent et sans dignité, pouvoir se livrer impunément à toutes les inspirations du caprice et de l'intérêt privé, en présence d'une nation fière et spirituelle. Il faudroit le pinceau d'un Tacite pour apprendre à nos neveux à se frayer une route dans le dédale des turpitudes dont nous sommes témoins.

C'étoit à nous sans doute, qui avons présenté au Monde le spectacle de toutes les folies, qu'il appartenoit de lui donner le monstrueux exemple de la transaction avec la félonie et l'assassinat. Il n'y a pas dans l'univers un peuple, une province, une ville, qui ne fussent plus fondés que l'île de Saint-Domingue à s'insurger pour s'affranchir du pouvoir auquel ils sont soumis, et arracher les propriétés des mains de leurs détenteurs, attendu que les nègres n'ont été transportés des côtes d'Afrique dans cette colonie, que comme esclaves de ceux qui les avoient achetés. Mais, dira-t-on, ce droit de propriété d'un homme sur un autre est une violation de celui de la nature; cela peut être; en ce cas, abolisssez-le, en abrogeant les lois qui l'établissoient; jusque-là, les individus qu'elles atteignent n'ont point qualité de s'y soustraire à main armée; surtout, ils ne sauroient jamais devenir maîtres d'un bien par le meurtre de celui qui l'avoit légalement acquis.

L'autorité légitime peut, d'après des motifs d'intérêt public, concéder quelques uns de ses droits, et disposer de la propriété des particuliers moyennant une juste indemnité [1]. On a observé que les 150 millions ne représentoient pas la dixième partie du sacrifice imposé aux Colons dépossédés; et la tendance qui se ma-

[1] D'après la loi, les personnes dont on prend la propriété, ont le droit de nommer contradictoirement des experts pour évaluer le prix du sacrifice qu'on exige d'elles; et dans l'affaire de Saint-Domingue, on n'a pas seulement consulté les Colons.

nifeste d'une manière si effrayante chez tous les peuples, vers le renversement de l'ordre existant, de même que la prospérité bien entendue de la France, nous faisoient une obligation de ne point sanctionner la rébellion, et nous priver de la plus importante de nos colonies.

L'ordonnance qui prononce l'émancipation de Saint-Domingue est basée sur la nécessité d'indemniser les anciens Colons et de tirer le commerce de l'état de stagnation dont il est frappé. Pour moi, je persiste à croire que les 150 millions qui en sont la clause principale, ne seront point acquittés, ou qu'ils ne le seront qu'en partie. Mais en admettant que je me trompe, que les trois envoyés d'Haïti trouvent à emprunter cette somme à des capitalistes français, sans que notre gouvernement les cautionne; est-ce un procédé bien moral, équitable, conforme aux principes sur lesquels reposent la sécurité des trônes et le bonheur des peuples, que ces indemnités accordées aux victimes de la fidélité et de la spoliation révolutionnaire? Quelle est donc cette jurisprudence que l'on semble vouloir introduire parmi nous, que les assassins, les voleurs jouiront paisiblement du fruit de leurs crimes et de leurs rapines, sous la seule condition de payer, avec tout le reste de la nation, une foible prime, tandis que la vertu spoliée ne recevra que la moitié, ou le quart des biens qu'elle aura perdus? Quoi, les premiers qui auroient tout gagné, si l'anarchie triomphante s'étoit perpétuée, ne perdront rien, alors qu'elle est vaincue! Les seconds ayant été privés de tout par l'une, ne recevront que très-peu de chose par le retour à l'ordre! Quelle leçon pour les peuples! Qu'est-ce que la légitimité si on la dépouille du caractère d'inviolabilité qui fait toute sa force? Si les gouvernemens la méconnoissent sans cesse à l'égard des particuliers, ceux-ci ne s'habitueront-ils pas à la considérer comme un objet illusoire ou de circonstance; et, dans un de ces bouleversemens dont nous avons été témoins, que deviendroit le trône, si le peuple ne voyoit dans l'usurpation du pouvoir souverain qu'un déplacement d'individus?

La royauté est la plus intéressée à respecter la possession des biens justement acquis. Elle n'a point le droit d'en disposer, ni de stipuler le démembrement de la France, sans le concours des pouvoirs qu'elle s'est adjoints, n'étant pas plus maîtresse du sol que de nos personnes [1]. Ces vérités nous ont été enseignées par les Bourbons eux-mêmes. Il n'y a qu'à lire l'histoire de cette illustre race pour se convaincre qu'elle est toujours venue au-devant de nos besoins et de nos franchises, aux dépens de sa propre autorité. Il s'agit seulement de constater ici que les ministres ont forfait à leurs devoirs.

Louis XVIII, en octroyant la Charte, usa librement du droit imprescriptible que ses

[1] Quoiqu'un écrivain ministériel prétende que propriété et souveraineté ne sont qu'un. Ainsi voilà, d'après lui, le peuple français transformé en troupeau de bétail, ce qui est aussi obligeant et flatteur pour lui que pour le souverain. Que ces Messieurs se donnent ou se vendent tant qu'il leur plaira, mais qu'ils veuillent bien ne pas disposer de nous et de nos fortunes, afin que nous ayons le mérite de les offrir aux Bourbons, s'ils venoient à en avoir besoin.

aïeux lui avoient transmis, afin de mettre un terme au désordre né de la révolution; mais il ne seroit pas raisonnable de soutenir que l'on peut toujours déroger à ce qui fut créé pour perpétuer l'ordre et la stabilité.

Nous avons un gouvernement représentatif; il faut s'y conformer sous peine d'être livré à l'anarchie populaire ou au despotisme minis-tériel. Les mœurs, les pouvoirs de l'Etat qui, sous l'ancienne monarchie, servoient d'appui au trône, et de sauvegarde aux libertés publiques étant disparus, sachons faire valoir ce que nous avons.

Rien n'est plus sage que la disposition de notre Code constitutionnel qui préserve la royauté de la responsabilité des actes ministériels. Eloignée des orages de la polémique à laquelle chacun peut se livrer pour défendre les intérêts généraux, elle ne doit apparoître à nos yeux qu'environnée de cette majesté qui est son attribut, répandant partout sur son passage les bienfaits de son auguste influence, et recueillant en même temps le juste tribut de notre amour. Tel l'astre des cieux sortant toujours pur de son brillant tabernacle verse sur la terre les trésors de sa fécondité.

Si l'on s'obstinoit à faire intervenir activement la royauté dans les actes de l'administration, toute investigation en deviendroit impossible : on autoriseroit les ministres à se retrancher derrière le manteau de son inviolabilité, et le peuple la rendroit moralement responsable du mal que ses agens seuls ont pu faire, et dont ils sont passibles. Voyez la position critique dans laquelle on placeroit le monarque qui, voulant observer scrupuleusement le pacte qu'il a juré, s'abstiendroit d'émettre son opinion personnelle sur les projets que ses ministres lui présenteroient à signer.

Supposez que d'une mesure administrative, attribuée à la volonté souveraine, dont on auroit d'abord annoncé les bienfaits, il s'ensuivît immédiatement du désastre; croiroit-on par des argumentations spécieuses persuader au public que les résultats d'un même trait, parti de la même main, peuvent se diviser suivant les effets qu'il produira?

La royauté est un être tout de vérité, c'est, en en parlant le langage, qu'on la sert fructueusement. Si vous l'obscurcissez, cette vérité, qui fait sa force et son appui, par de fausses maximes, vous jetez la confusion dans les esprits ; au lieu d'avoir de vrais croyans, vous ne ferez que des fanatiques ; le fanatisme est un délire, l'homme qui en est atteint brise un jour l'idole qu'il avoit encensée la veille.

La première obligation d'un publiciste est d'instruire les peuples et les gouvernemens de leurs droits comme de leurs devoirs ; de les avertir quand ils les oublient, et de les contenir respectivement dans les limites que la loi fondamentale leur a tracées : sitôt qu'elles sont débordées, l'équilibre qui faisoit la sûreté du trône est rompu, et l'anarchie commence. Toutes les fois que les sujets seront bien pénétrés de leurs droits et de leurs devoirs, les souverains n'auront point à redouter des entreprises séditieuses.

La faculté que la Charte donne au Roi de faire des traités, ne peut être applicable au cas de stipuler la cession d'une partie du territoire, à moins d'y être contraint par des circonstances impérieuses, telles que celles de finir une guerre malheureuse, ou de délivrer le pays de la présence d'une armée ennemie. Cette faculté a été de tout temps commune aux chefs des républiques. Dans un moment de crise, il est urgent que le pouvoir exécutif soit en état de déployer une action prompte, afin de couper le mal dans sa source.

En désespoir de cause, les défenseurs officieux du ministère invoquent l'article 73 de la Charte qui s'exprime ainsi : *Les colonies seront régies par des règlemens particuliers.* C'est-à-dire, elles seront gouvernées, administrées, dirigées selon les besoins des localités. Il faut avoir l'esprit singulièrement organisé, pour inférer de ce passage que la nature de la possession et le droit d'en disposer ont changé ; que *régies par des règlemens particuliers* signifie *pouvoir de céder à volonté.* Si, en opposition directe à l'esprit de nos institutions, l'usage des ordonnances en pareilles matières prévaloit, il entraîneroit à des conséquences extrêmement fâcheuses[1].

L'initiative royale dont nos adversaires se font une arme pour combattre le principe constitutionnel que nous soutenons, vient au contraire prêter une force nouvelle à nos argumens. En effet, puisque la couronne, après avoir jugé utile d'apporter quelques améliorations dans les détails de l'administration, en appelle aux lumières des corps législatifs, avant de les réaliser, à plus forte raison elles lui seront nécessaires quand il s'agira d'un intérêt aussi majeur que celui de l'aliénation d'une colonie. Car les ordonnances qu'elle rend pour faciliter la marche du service pendant l'intervalle des sessions, peuvent toujours être rapportées, tandis que celle du 17 avril, est, par le fait, irrévocable. A quoi serviroit maintenant qu'on l'annulât, ou qu'elle fût

---

[1] Ayant écrit ces réflexions dès le lendemain que le télégraphe eut annoncé la réception de l'ordonnance au Port-au-Prince, je les laisse subsister, nonobstant que je les considère comme superflues d'après la manière lumineuse dont le *Journal des Débats* a traité cette question.

convertie en projet de loi, et soumise à l'acceptation des Chambres? Si elle étoit rejetée, les nègres, ayant entre leurs mains la pièce qui prononce leur indépendance, se croiroient dispensés d'obéir aux décisions contraires qui auroient été prises ultérieurement : seroit-elle adoptée, la nation ne verroit en cela qu'une résolution dictée par la crainte de compromettre une auguste signature, non, par la conviction qu'elle seroit avantageuse à la France. Ces inconvéniens de rapporter l'ordonnance, ou de la convertir en projet de loi, font sortir cette question du cercle ordinaire, et avertissoient les ministres de se conduire avec une extrême circonspection.

Je déclare être parfaitement d'avis qu'il ne falloit jamais reconnoître l'indépendance de Saint-Domingue. J'ai discuté sur les formes, parce que si elles avoient été observées, je suis persuadé que l'affaire n'auroit pas eu lieu. Des réunions de plusieurs centaines de Français, choisis parmi l'élite de la nation, n'eussent point approuvé cette honteuse transaction. Si M. le président du conseil n'avoit eu en vue que l'intérêt de son pays, il n'eût pas manqué de prendre cette voie; en cas de réussite, l'honneur de la conception et de l'exécution lui eût également appartenu; différemment, sa responsabilité étoit à couvert. La position où il vient de nous placer est d'autant plus effrayante, qu'elle ouvre carrière à tous les abus de ce genre, et consacre un monstrueux précédent.

J'ai parlé dans l'hypothèse que le président Boyer acquitteroit fidèlement les 150 millions; s'il ne le fait pas, quels moyens auroit-on pour l'y contraindre, ayant déclaré être hors d'état de lui faire la guerre? Les difficultés vont se multiplier à l'infini : la république d'Haïti contractera des alliances avec divers peuples, qui se trouveront par là intéressés à sa conservation. D'ailleurs, le droit de légitimité, ainsi qu'on l'a déjà remarqué, n'a qu'une force morale, on l'a perdu sans retour, dès qu'on a laissé apercevoir qu'on pouvoit le céder, de sorte que les dédommagemens promis, les espérances qu'on avoit fondées pour le commerce, et celles qui, jusqu'ici, soutenoient les malheureux Colons, seront anéantis.

Quant à la clause de l'ordonnance qui accorde au commerce français la faveur de ne payer, dans les ports d'Haïti, que la moitié des droits perçus sur les marchandises des autres nations, nul, je pense, ne la suppose exécutable.

Lorsque deux puissances stipulent librement un traité de commerce, c'est qu'elles y trouvent réciproquement leurs profits; si les circonstances cessent de le rendre tel pour une des parties contractantes, elle change ses règlemens de douanes, l'autre ne tarde pas d'en faire autant, et des nouvelles conventions en sont la suite. Mais lorsque, comme cela arrive pour Saint-Domingue, ce traité est imposé par l'une de ces puissances, il n'est obligatoire, pour celle qui le subit, qu'aussi long-temps qu'elle ne peut l'enfreindre impunément. Boyer auroit-il la meilleure volonté du monde de remplir l'engagement qui lui est prescrit, qu'il ne le pourroit pas. Dès qu'il plaira aux Etats-Unis, notamment à l'Angleterre, d'exiger des conditions plus avantageuses que les nôtres, ils les auront : sommerons-nous le président de ne point obtempérer à leurs prétentions, il répondra qu'il ne désire pas mieux, pourvu qu'on le mette à même de soutenir son refus; c'est-à-dire, d'unir nos drapeaux aux siens pour faire la guerre à ces puissances ; entreprise qui seroit à la fois *utile* et *honorable*.

A qui persuadera-t-on que l'Angleterre, étant en possession d'exploiter le commerce de Saint-Domingue, auroit facilité, pressé les négociations qui ont amené son indépendance, si elle avoit dû nous en procurer le monopole à son préjudice ? Rien ne rend la chose probable ; et toutes les fois que les droits d'entrée dans les ports d'un empire quelconque seront égaux pour elle et pour nous, on peut être certain que nous glanerons là où nos rivaux moissonneront à pleines mains, continueront à s'enrichir, quand nous nous ruinerons. Dans quelques années, les commerçans français auront fait l'expérience de cette vérité. Alors, que diront ceux du

Havre, qui, assure-t-on, dans un élan patriotique, ont résolu de frapper une médaille en commémoration du *glorieux* événement qui nous prive de Saint-Domingue? L'un des revers doit représenter un nègre tenant la main sur le pommeau de son épée : pour rendre le trait plus allégorique, j'aurois été charmé qu'on eût figuré ce nègre un poignard à la main, bravement occupé dans une de ces expéditions, où, vingt contre un, ils égorgèrent nos compatriotes. Que diront aussi ceux qui font métier de pervertir la raison du peuple ? ils riront de sa crédulité, et recommenceront à travailler sur un nouveau thème d'imposture. Les écrivains libéraux prévoyant ce qui doit en advenir, se sont bornés à louer l'ordonnance de l'émancipation, sous le rapport de la consécration du grand principe ; ils ont eu garde de se donner le tort de vanter les prétendus avantages commerciaux que la France doit en retirer ; ils ont prudemment abandonné ce soin aux gagistes ministériels, qui n'y regardent pas de si près.

Est-il rien de plus singulier que d'entendre les journaux de M. de Villèle reprocher aux royalistes de faire cause commune avec les libéraux, vu qu'ils s'accordent pour blâmer la réduction des rentes ; eux, s'unir à ces derniers pour applaudir à une mesure qui sanctionne la révolte, et frappe au cœur la légitimité ? ils les grondent même de ne pas chanter l'*alleluia* sur un ton assez haut.

Pour couvrir un peu l'odieux de l'œuvre ministérielle, on prétexte du besoin d'indemniser les anciens Colons. Je parierois qu'on ne leur distribuera qu'une parcelle des 150 millions imposés, si toutefois on la touche ; encore cette distribution se fera suivant le caprice de l'administration. Si la chose a lieu, nous entendrons les mêmes journaux, qui vantoient l'excellence de la mesure à cause de l'emploi qu'on se proposoit de faire de la somme qui doit en revenir, trouver un nouveau motif pour en féliciter l'auteur ; ils exalteront la sublimité de la combinaison, comme faisant entrer de l'argent au Trésor, non pour soulager les contribuables, mais pour combler le déficit que l'ineptie et le plus affreux gaspillage y ont occasionné : ils prouveront clairement qu'on enrichit la France en vendant son territoire[1].

M. de Villèle n'a vu dans la renonciation à la plus importante de nos colonies qu'une affaire de Bourse, la hausse à 85 fr. de ses 3 pour 100, ainsi que le lui promettoit une Feuille libérale ; il s'y est laissé prendre avec

---

[1] Déjà un journal officieux de Londres, dans un article qui paroît être de fabrique française, promet à M. de Villèle la bienveillance des Chambres, s'il parvient à se présenter devant elles avec un traité de vente pour l'Espagne envers ses Etats d'Amérique, semblable à celui de Saint-Domingue. Il est permis de croire que nos corps législatifs ne donneront pas leur bienveillance à si bon marché ; le moyen employé par notre grand financier pour battre monnaie, coûte trop peu d'efforts de génie : toutefois, la matière n'est pas épuisée ; la France compte encore quatre-vingt-six départemens. Au surplus, remarquons, pour notre instruction, que les Anglais préconisent ce système, et l'on sait, à n'en pouvoir douter, combien ils s'intéressent à notre prospérité commerciale. Il ne reste plus qu'à se demander si on laissera à M. le président du conseil la faculté de nous perdre.

une bonhomie qui seroit tout-à-fait risible si les conséquences n'en devoient pas être aussi funestes. Ce ministre, tout surpris du peu de succès que son *ingénieuse* conception a produit sur les journaux libéraux indépendans, leur a reproché, par l'organe d'un de ceux qui sont à sa dévotion, leur perfide ingratitude. Pendant plusieurs jours, l'entremetteur ministériel ne tarissoit pas de ses plaintes; mais quelque grand que fût le dépit qu'il faisoit paroître, on s'apercevoit néanmoins qu'il s'efforçoit de dissimuler une partie de sa pensée. En effet, on sembloit lui entendre dire à ses confrères : Ingrats ! quand mon maître parti du banc de l'extrême droite, d'où il foudroya vos doctrines, foule aux pieds celles qu'il avoit professées, se sépare entièrement des royalistes qui l'ont élevé sur le pinacle, pour venir à vous; qu'il exauce vos vœux par la conclusion d'un traité tellement antimonarchique qu'aucun homme d'État, même d'une république, n'eût le osé concevoir; loin de l'encourager à suivre la voie qu'il s'est tracée uniquement pour vous complaire, vous

persévérez à le désoler. Ces doléances seroient fondées ; il y a ingratitude de la part
des journaux libéraux indépendans, et ingratitude la plus noire ; le service que M. de
Villèle leur a rendu est incontestable. Que
voulez-vous, pourroient leur répondre ceux-ci,
nous autres, nous sommes conséquens, et
nous n'aimons pas les choses faites à demi ;
ce début de votre patron est beau sans contredit : qu'il continue ; mais en bonne cons-
cience, nous ne pouvons faire autrement que
de le harceler jusqu'à ce qu'il ait complété
l'œuvre. Après, soyez certains qu'on le ré-
compensera, non pas nous, mais ceux qui
viendront derrière nous, à la manière dont on
récompensa les ministres et les courtisans de
Louis XVI qui avoient favorisé le développement des idées libérales, philosophiques
et philantropiques d'alors ; lesquelles, par
parenthèse, sont mères de celles d'aujour-
d'hui. D'ailleurs, est-ce bien à lui de nous
accuser d'ingratitude, nous qui avons réelle-
ment toujours joué cartes sur table, dans
l'énonciation de nos souhaits ; tandis que lui,

à peine monté au faîte du pouvoir, a renié les amis qui l'y ont porté, et les doctrines qui l'avoient mis en crédit ?

J'ai à cœur de disculper M. le président du conseil, de l'accusation banale dont *la malveillance* l'obsède d'avoir trompé les royalistes, soit par la place qu'il avoit prise à la Chambre des Députés, soit par les discours qu'il y prononça pendant trois années consécutives. Puisque, selon un mauvais plaisant, ce monde n'est qu'un vaste théâtre, et tout ce qui s'y passe une perpétuelle comédie, où chacun joue son rôle, M. de Villèle a pu également y jouer le sien avec le talent que la nature lui a départi. Il alla donc s'asseoir à la première place du premier banc de l'extrême droite, comme il se seroit assis partout ailleurs, s'il avoit cru y être plus en évidence, et avoir plus de chances à se frayer le chemin de la fortune ; pour son langage, il l'adapta au poste que son ambition lui avoit désigné. La preuve en est, que, le ministre tout puissant ayant daigné lui tendre la main, il courut se ranger sous ses bannières, quoique l'espace qui les séparoit, par rapport à leurs opinions politiques, parût impossible à franchir. A la vérité, leur jonction s'opéroit toujours de nuit, ce qui en démontre l'innocence. Plus tard, il quitta le fauteuil ministériel pour aller se mettre à côté de M. Lainé, puis, il prit derechef son ancienne place; enfin, toutes ses actions, depuis qu'il est à la tête des affaires, sont là pour attester que son caractère n'a jamais changé, qu'on le retrouve partout le même, qu'ainsi ce n'est pas lui qui a trompé les royalistes, que ce sont eux qui l'avoient mal jugé.

M. de Villèle accablé par les justes clameurs dont il est poursuivi, et voulant éviter l'écueil qu'il auroit inévitablement rencontré en se heurtant contre M. Canning, s'est attaché à son char, espérant d'ailleurs se concilier par là la bienveillance des chefs du parti qui flatte les passions de la multitude. Le besoin d'obvier au danger de sa position l'a seul occupé; il n'a rien vu au-delà. Les intérêts du commerce, ceux de la monarchie ont dû céder aux siens. Que Boyer tienne ou non ses engagemens, que la reconnoissance d'Haïti nous éloigne de la Sainte-Alliance et menace notre avenir, peu lui importe ; si elle lui assure la conservation de son portefeuille encore deux années, son but sera rempli.

J'admire et j'estime les Anglais ; mais plus je les crois dignes de ces sentimens, plus je tâcherois de leur en inspirer de semblables en travaillant au bien-être de ma patrie. La chute de l'Angleterre se feroit violemment ressentir en France, et comme elle viendroit indubitablement de l'autre côté du Globe, ce seroit lui qui hériteroit de ses dépouilles. Faisons des vœux pour qu'elle reste puissante et riche ; mais que ce ne soit pas à notre détriment.

Tout en continuant d'être juste envers le cabinet de Saint-James, et en entretenant avec lui une parfaite cordialité, notre politique doit essentiellement différer de la sienne, les bases de la prospérité des deux royaumes étant à peu près les mêmes. M. de Villèle, en soumettant sa politique à celle de M. Canning, fait jouer à la France un rôle humiliant et opposé à ses véritables intérêts ; on la verra constamment se traîner loin derrière notre rivale pour toutes les affaires importantes qui se traiteront dans les deux hémisphères. Quant au commerce, si nous n'adoptons pas un système qui nous soit particulier, il nous sera impossible de soutenir la concurrence avec elle, excepté sur quelques objets de luxe ; pour tout le reste, il n'y a pas jusqu'aux vins que les Anglais ne pourront vendre à meilleur marché que nous, s'il leur plaît d'en faire la spéculation, et cela, en achetant les récoltes de cette denrée dans tous les Etats qui bordent la Méditerranée.

Les vastes établissemens que les Anglais ont depuis long-temps fondés dans les pays situés au-delà des mers, les immenses richesses qu'ils possèdent, les avances qu'ils ont faites aux gouvernemens naissans, et les forces navales qu'ils entretiennent sur tous ces parages, leur feront obtenir des avantages commerciaux que rien ne nous donnera le moyen de balancer.

On est donc généralement dans l'erreur

sur les résultats qu'on se promet de la reconnoissance de Saint-Domingue et de l'Amérique espagnole. Ce n'est qu'avec les colonies soumises à notre domination que nous pouvons faire un commerce lucratif, et elles vont bientôt nous échapper.

Après avoir authentiquement sanctionné le droit de fait, quel principe invoquera-t-on contre les habitans des îles qui nous restent, lorsqu'ils se révolteront pour conquérir leur indépendance? celui de la légitimité, qui, dira-t-on, demeure intact tant qu'on ne l'a pas cédé? Mais puisque cette cession peut s'obtenir par la rébellion et l'assassinat, pourvu que le succès couronne l'entreprise, il ne s'agira que d'avoir la force pour soi. Avis aux factieux de bien prendre leurs précautions. Redoublera-t-on contre eux les mesures de rigueur présentement en vigueur? ce seroit les tenir dans un état de prévention qui les exaspéreroit, les punir de la soumission dont il n'ont pas secoué le joug; enfin ce seroit être à la fois imprudent, cruel et injuste envers eux.

Notre conduite à l'égard de Saint-Domingue, excite non seulement à l'insurrection et au meurtre de nos compatriotes, les habitans de la Martinique, de la Guadeloupe, etc.; elle y intéresse encore leur amour-propre. Ne sera-ce pas un reproche continuel qu'ils auront devant leurs yeux, que la vue du pavillon Haïtien flottant dans leurs ports [1]? La présence de ces hommes de la même couleur qu'eux, accusera leur lâcheté; elle semblera leur dire : nous vécûmes ainsi que vous dans l'esclavage et les lois d'exception; imitez-nous, devenez ce que nous sommes. Etres pusillanimes! hésiteriez-vous à frapper, quand vous êtes trente contre un? Eh bien! en cas de péril, nous sommes là pour vous secourir; nos frères en sédition d'Amérique vous tendent également les bras. Hâtez-vous, aiguisez vos poignards, et que le sang de vos

---

[1] Les journaux ministériels insinuent qu'un article du traité défend aux navires haïtiens d'aborder de ces colonies; clause qu'à coup sûr ils ne rempliront point. Nos hommes d'Etat auroient donc reconnu le danger, et ils s'y sont précipités! Quelle inconséquence!

oppresseurs abreuve le champ de la liberté (c'est l'argot invariable des révolutionnaires). Hélas ! ces craintes ne sont pas malheureusement des fictions poétiques ; l'avenir ne les justifiera que trop bien.

Les hommes opiniâtres et orgueilleux qui auront occasionné ces fléaux, feindront peut-être de s'en apitoyer ; barbares, leur crierons-nous ! il falloit les prévenir. Si les ministres méprisent la responsabilité prescrite par la Charte, la prévention morale qui pèsera sur leur tête, auroit dû les arrêter.

Tout le monde est d'accord que la reconnoissance d'Haïti entraînera infailliblement la perte de toutes nos colonies. Un journal royaliste dit que cette république aura bientôt des sœurs ; cependant, il approuve l'émancipation, à condition qu'elle sera régularisée ; son intention est de remédier par les formes au vice incurable du fond ; car il ne suppose pas que l'accroissement de cette famille nous sera prodigieusement favorable. D'autres justifient la mesure, sous prétexte qu'il faut céder à la marche du temps et aux nécessités qu'elle fait naître. Sans doute cette marche du temps, ces nécessités ne sont pas des choses chimériques : il seroit dangereux de vouloir naviguer contre le cours d'un torrent ; mais il le seroit aussi de les appliquer indifféremment à toutes les circonstances, et d'en faire un épouvantail aux gouvernemens, afin de les obliger à se prêter aux exigences révolutionnaires. Où trouve-t-on ces nécessités relativement à l'affaire de Saint-Domingue? Dans l'impossibilité de le reconquérir ? On ne l'a pas essayé. Pour moi, je présume mieux de notre puissance, et je pense qu'il auroit suffi d'envoyer dix mille hommes prendre position à l'île de la Tortue, pour que la colonie se fût rendue sans coup férir. Quelles sinistres prédictions ne faisoit-on pas au sujet des expéditions de Naples et de Madrid !

J'ai souvent entendu des personnes appeler de tous leurs vœux l'indépendance universelle pour raison d'humanité, dire que le Nouveau-Monde dévoreroit (c'étoit leur expression) l'Ancien. Hé bien, si vous croyez fermement qu'un pareil destin lui soit réservé, notre France en fait partie de cet Ancien-Monde : n'a-t-elle pas quelques droits à votre tendre philantropie? Ne vaudroit-il pas mieux demander qu'on liât le monstre, pour l'empêcher de croître trop vite, et pour éloigner, l'instant qu'il fera de nous son horrible festin?

Ce seroit méconnoître le cœur humain, ou prendre plaisir à s'aveugler, que de croire qu'un ambitieux qui a pu refuser, de la part de son Roi, les offres d'un sort brillant*, aura une seule fois la modestie de se contenter de son partage, qu'il ne cherchera point l'occasion de l'étendre ou de le consolider en se donnant des auxiliaires. La tendance au prosélytisme est commune aux particuliers et aux gouvernemens; ils s'y trouvent naturellement portés: d'abord, par le besoin de se défendre contre l'oppression; bientôt après, par le désir d'être oppresseurs. La république française et Bonaparte en sont des exemples frappans.

Boyer, usufruitier temporaire de Saint-Do-

* Voir les négociations qui ont eu lieu précédemment.

mingue, n'a dû songer qu'à s'en assurer la tranquille possession, et concentrer toutes ses forces pour résister à une attaque inopinée, surtout ne pas la provoquer. Aujourd'hui, par l'abandon que nous venons de lui faire, on a montré être hors d'état d'aller le troubler chez lui; sa puissance au dedans de son empire s'en étant raffermie, le met à même de tenter des entreprises extérieures, de contracter des alliances : c'est un souverain qui traitera d'égal à égal avec tous les souverains. Et Bolivar qui dédaignoit de se lier à lui, soit qu'il ne voulût pas ôter à sa cause le caractère de justice qu'il lui suppose, soit dans la crainte d'alarmer les puissances qui voyoient sa rébellion d'un œil bienveillant; soit qu'un sentiment de fierté et d'honneur national, inconnu à des Français, lui inspirât l'horreur de paroître assimiler sa cause à celle du chef des nègres; Bolivar, dis-je, recherchera maintenant son alliance.

Cette nouvelle diplomatie des États récemment affranchis, ou qui vont l'être, venant se mêler à l'ancienne, y apportera ce ton tranchant, cette morgue qui font le caractère distinctif des parvenus et des républicains. Des semences de discorde ne tarderont pas à s'y manifester; de là naîtra la nécessité pour les Etats d'outre-mer d'unir leurs intérêts, lesquels n'en formeront, pour ainsi dire, qu'un seul, contre l'Europe, qui doit voir les siens se compliquer à l'infini. Les motifs réciproques de mécontentement venant à se multiplier, il s'ensuivra une guerre fatale pour cette dernière; l'Angleterre qui aura donné l'impulsion à ce grand mouvement, en sera elle-même écrasée. Les avantages qu'elle en retire momentanément lui ferment les yeux sur l'avenir; où elle s'imagine qu'un sentiment de reconnoissance lui servira d'égide auprès d'eux. Si le cabinet anglais veut se faire une idée exacte de ce qu'il doit en attendre, il n'a qu'à réfléchir sur ce qui a eu lieu dernièrement au sénat mexicain, dans le sujet d'un traité qu'il avoit fait présenter par son chargé d'affaires. Qu'il voye si les frères du Roi qui favorisa l'indépendance des Etats-Unis ont beaucoup à se louer de son gouvernement. A l'époque où des conspirations, sans cesse renaissantes, menaçoient le trône des Bourbons, on a vu leur ambassadeur à Paris fraterniser avec des hommes que l'opinion publique accusoit d'y avoir pris part.

La renommée a instruit le Monde entier de l'ovation dont M. de La Fayette vient d'être l'objet. Ce général ayant été vingt ans exilé de sa patrie, ou traité comme suspect, les Etats-Unis n'ont pas daigné se souvenir de lui; alors, leurs secours lui eussent été utiles, et leurs hommages auroient apporté quelques adoucissemens à ses chagrins : c'est maintenant que son grand âge l'empêche d'en savourer le plaisir, et rendoit son voyage dangereux, qu'ils lui prodiguent leurs faveurs. J'aime à croire à la pureté des intentions du gouvernement américain ; mais bien des gens ont cru voir dans cette démarche un petit trait de malice, ou tout au moins une inconvenance envers les Bourbons.

L'Angleterre, en aidant l'émancipation des peuples d'outre-mer, s'est assurée, il est vrai, la faculté de continuer à élargir les bases de sa prospérité, pendant encore un demi-siècle, sans s'inquiéter si elle se prépare une catastrophe terrible. Après la pacification du continent, elle eût mieux fait de chercher à consolider ses vastes acquisitions, diminuer sa dette et ses dépenses, de se joindre franchement à la Sainte-Alliance pour arrêter les débordemens des doctrines qui avoient causé tant de calamités : elle a préféré se créer un système qui, en lui ouvrant un immense horizon, l'isole tous les jours davantage de ses appuis naturels, et compromet son existence; car enfin, les puissances continentales se raviseront. Elle a beau nous attacher à son char, une politique si opposée à nos véritables intérêts, et si propre à révolter l'orgueil national, disparoîtra avec le ministre qui l'a acceptée. La France, appelée par les avantages qu'elle tient de la nature, à diriger la politique européenne, ne sauroit long-temps se traîner après sa rivale.

Toutefois, le cabinet de Saint-James ne mérite pas entièrement les reproches des royalistes, ni les éloges des libéraux. La facilité qu'il a trouvée à maîtriser des hommes d'Etat qui voudroient ravaler la France à leur niveau, l'aura poussé plus avant qu'il n'auroit voulu dans la fausse route où il s'est engagé. Chargé de conduire une nation passionnée pour ses institutions, le ministère anglais n'a point dû s'unir ostensiblement à la Sainte-Alliance; mais rien n'indique qu'il ait eu l'intention d'entraver ses opérations. On a bien entendu un de ses membres faire des sorties véhémentes, que démentoit tout bas peut-être sa diplomatie, contre les expéditions de Naples et de Madrid: tout s'est borné là, et je pense qu'au besoin, il leur auroit fourni des secours. Sa conduite au sujet de la guerre d'Orient est exactement conforme à celle des autres cabinets européens. Depuis la révolution de Saint-Domingue, il s'est constamment refusé de faire des arrangemens avec les meneurs de cette colonie, qui eussent porté atteinte à notre droit de souveraineté. Ceux qui disent ou insinuent que l'Angleterre s'opposeroit à ce que nous envoyassions une armée pour soumettre les Haïtiens, la calomnient, et font un outrage sanglant à leur patrie. Elle

a vu nos ministres courant au-devant des
chaînes qu'elle ne songeoit pas à nous donner,
sollicitant des mesures propres à anéantir
notre commerce et notre marine; elle a dû encourager ces dispositions; sa fortune comme
sa vanité y sont intéressées : elle doit être
flattée de voir une nation qui a tenu l'Europe
sous son jong de fer, devenir un satellite
tournant autour de son orbite; mais elle ne
l'a point exigé : si elle l'osoit!.... L'Angleterre
est riche, puissante; elle marche à grands pas
dans la route que l'impéritie lui a ouverte;
cependant elle n'en est pas encore au bout; il y
a plus d'un moyen de l'arrêter et de la forcer
de respecter les limites que Dieu a posées entre
les deux royaumes : ces limites sont détermi-
nées par l'étendue et la fertilité du territoire,
le nombre, l'intelligence, le courage des
habitans.

Il est vrai de dire que les raisons sur lesquelles je fonde ma sécurité relativement aux
dispositions du cabinet anglais, sont appuyées
sur des faits appartenant à une politique que le
successeur de lord Londondery a abandonnée.

Pour bien apprécier le système de M. Canning, il convient d'attendre qu'il ait été mieux développé. Remarquons néanmoins qu'il lui a déjà valu les éloges de ces mêmes hommes qui, pendant vingt ans, se sont montrés les implacables ennemis de l'Angleterre et de ses alliés. Voyons jusqu'à quel point M. Canning veut mériter leur amitié; il ne l'obtiendra qu'en s'aliénant celle de ses anciens amis : qu'il juge laquelle des deux lui est préférable.

Quant à ce qui concerne les affaires du sud de l'Amérique, le cabinet anglais les a envisagées sous leur véritable point de vue. Différent du nôtre, il n'a aperçu aucune analogie entre les prétentions des Américains indigènes unis à ceux d'origine espagnole, réclamant contre des lois d'exception, et des esclaves repoussant les généreuses propositions de leur souverain, le forçant enfin à légitimer le fruit de leur brigandage. Je confesse avoir le tort d'être en cela tout-à-fait de son avis.

Si la marche du temps et ses nécessités doivent être prises en considération, c'est sans contredit lorsqu'on peut y satisfaire en servant les intérêts généraux, et remplissant les devoirs de l'humanité ; c'est lorsqu'il y a impossibilité palpable d'obtenir ce qu'en bonne justice on seroit en droit de revendiquer. Tel étoit absolument le cas où se trouvoit l'Espagne vis-à-vis de ses colonies. Depuis qu'elle les a soumises à son empire, elle est tombée dans l'état pitoyable où nous la voyons ; elle ne pourroit les reconquérir, encore moins les conserver ; ses divisions intestines, tout lui imposoit l'obligation de transiger. Elle auroit pu tirer un excellent parti de sa position, en essayant de leur faire agréer un prince de sa race pour les gouverner ; à défaut, les partager entre les plus grandes puissances de l'Europe, lesquelles auroient fait valoir les droits qui leur étoient concédés.

J'ai dit qu'après la pacification du continent, l'Angleterre auroit mieux fait de resserrer son système d'administration ; mais il convient d'examiner si elle le pouvoit sans exposer sa tranquillité intérieure ; et, s'il faut en juger par les fréquentes insurrections qui éclatoient chez la classe ouvrière du peuple, on sera porté à croire qu'il y auroit eu du danger. Le cabinet britannique a donc préféré s'élancer en avant et profiter des chances que lui offroit l'exploitation des mines du Pérou. Cependant il ne s'y est décidé qu'après s'être convaincu qu'il n'y avoit pas à espérer que la Cour de Madrid, unie à sa puissante alliée, songeât jamais à prendre une détermination commandée par la raison et par l'intérêt commun des deux nations. Jusque-là, je ne puis trop le blâmer ; il n'étoit pas tenu de sacrifier le bonheur de son pays à l'inexpérience de ses voisins. Je fais seulement des vœux pour qu'il sache s'arrêter dans le sentier couvert d'épines où il s'est engagé.

Si nous avions eu des hommes d'Etat habiles, la politique du ministère anglais eût changé de direction, ou nous l'aurions obligé d'attendre que tous nos efforts pour amener le conseil de Ferdinand VII à une réconciliation avec ses colonies, eussent échoué, afin que nous fussions prêts à agir de concert avec llui, auprès des nouveaux Etats du sud de l'Amérique, et stipuler des traités commerciaux sur le même pied.

Maintenant que les Anglais sont en possession de maîtriser les gouvernemens de ces contrées, et d'avoir le monopole du commerce, que les Américains ont conquis sans nous et malgré nous leur indépendance, il faut se préparer à les trouver peu disposés en notre faveur. Ces considérations, jointes à une infinité d'autres avantages que nos rivaux ont sur nous, rendront nos affaires avec ces peuples tout-à-fait nulles.

La Grande-Bretagne n'ayant point adhéré ostensiblement à la Sainte - Alliance, peut justifier sa conduite envers l'Espagne; il n'en seroit pas ainsi de nous que tant de liens attachent à son sort : un procédé semblable seroit aujourd'hui inexcusable, autant qu'inutile à nos intérêts : en toute chose, il ne suffit pas d'arriver, il faut encore arriver à temps.

La France doit moins déplorer la perte de Saint-Domingue par les avantages immédiats qu'elle lui eût offerts, que par ceux à

venir. Des sommes considérables auroient dû
être employées pour remettre la colonie dans
l'état florissant où elle se trouvoit en 1788.

Par le traité conclu, il est à présumer que
nous toucherons quelque argent, et pendant
les deux ou trois premières années dont Boyer
aura besoin pour consolider sa puissance,
nos négocians y seront probablement bien
accueillis. Or, pour des marchands dont toute
la science politique se réduit à compter au
jour le jour les bénéfices de leur trafic, la
mesure ministérielle doit leur *sourire* agréablement. Mais les hommes d'Etat, chargés
de veiller aux destinées futures d'une nation,
dirigent leurs pensées vers des régions plus
élevées.

Le sol de Saint-Domingue, pouvant occuper et nourrir plusieurs millions d'âmes,
auroit reçu l'exubérance de notre population,
et attiré dans son sein les ambitions tur-
bulentes dont nous sommes surchargés. L'essor successif de sa prospérité s'étant com-
muniqué à nos autres colonies, eût ouvert
un vaste débouché aux produits de notre in-

dustrie, et nous eût mis à même alors de recueillir le fruit de nos avances. Je ne puis trop répéter que pour tous les pays situés au-delà des mers, la France ne fera un commerce lucratif qu'avec les colonies soumises à sa domination.

Une grande faute vient d'être commise, un pas immense vers notre ruine a été fait; cependant tout espoir ne seroit point perdu, si on vouloit retourner vers le port du salut, et mettre à profit les ressources que nous offrent les circonstances présentes.

L'Espagne n'a point reconnu l'indépendance de ses États d'Amérique; les conseils d'une politique noble et franche peuvent la décider à en disposer dans l'intérêt général de l'Europe. Par le chemin qu'on a déjà fait, l'accomplissement de ce projet rencontreroit bien des obstacles, mais ils ne sont point insurmontables.

D'un autre côté, en donnant à la culture des colonies qui nous restent, tout le développement dont elle est susceptible, au moyen de la *traite*, qu'il faudroit tolérer, et en faisant les avances des fonds nécessaires, elles nous deviendroient d'une utilité inappréciable. L'assainissement de ces colonies, les revenus qu'elles fourniroient, nous permettroient d'y tenir de fortes garnisons, et d'entretenir dans leurs parages de nombreuses escadres, tant pour en protéger le commerce que pour faciliter nos relations avec les Etats qui les avoisinent.

A ce mot de traite, j'entends élever contre moi des clameurs épouvantables, par des personnes qui s'obstinent à vouloir niveler le genre humain, à ne voir le bonheur qu'avec leur manière de vivre et de penser. Mais, où est-il donc ce bonheur? Qui sait le définir, ou préciser où il réside? Est-il dans les grandeurs, le savoir, l'opulence? Ou plutôt ne vient-il pas de nos idées, de nos sensations? Et ces idées, ces sensations ne sont que le résultat de notre organisation, de l'éducation que nous avons reçue, de la position sociale où nous étions en venant au monde, et de celle où nous sommes présentement. Ainsi, tel meurt de chagrin de ce qu'il n'a pas encore le bâton de maréchal ; tel autre est au comble du bonheur d'avoir obtenu les galons de sergent, grade qu'il sait être le terme de sa carrière militaire. Un habitant d'Albion se tireroit un pistolet dans la gorge, s'il lui falloit vivre sous des lois qui font la félicité d'un Russe ; un manœuvre, après avoir passé la journée à des labeurs pénibles, est heureux d'avoir une soupe et un pot de bière pour son repas, alors que tel financier se désespère de n'avoir que cinquante mille francs par an à dépenser.

Vous qui prêchez pour tous les peuples de la terre l'égalité au partage des biens de ce monde, regardez autour de vous, vous verrez les deux cinquièmes de vos concitoyens gémissant dans les prisons, les hospices, ou croupissant dans la mendicité. Ici, vous les verrez livrés à une industrie qui ne leur fournit pas des moyens suffisans d'existence ; là, condamnés à des travaux dégoûtans qui abrègent leurs jours ; plus loin, vous trouverez des hommes qui ont reçu de l'éducation, connu les douceurs de la vie ; et, soit par suite de leurs vices, soit emportés par le tourbillon de nos guerres civiles, ils n'ont plus d'état, et végètent dans un affreux dénûment : par l'effet de cette éducation, ils sentent profondément toute l'horreur de leur sort, passent leurs jours à désirer un bonheur qui les fuit, tourmentés par les besoins qui les assiégent ; tels que *Tantale*, ils voient devant eux le bien qu'ils convoitent, sans pouvoir jamais l'atteindre, et finissent par devenir criminels ou par outrager la Divinité en se détruisant.

Quel beau sujet de méditation que celui de chercher le secret [1] de procurer un nécessaire aisé aux prolétaires, du travail aux oisifs, de prévenir le crime en extirpant la fainéantise et la mendicité ! Voilà un thème digne d'exciter la verve patriotique et philantropique de tant d'écrivains. Mais quoi, s'occuper des malheurs qui nous environnent, songer à soulager les siens ! Fi ! c'est pitié ! Notre sollicitude prend un essor plus élevé ; nos yeux toujours

[1] Il seroit facile à trouver ; j'en ébaucherai le projet lorsque j'aurai l'espoir que l'administration y donnera un moment d'attention. Tout seroit bénéfice pour l'Etat.

pleins de larmes pour des gueux ou des scélé-
rats qui gisent loin de nous, sont à sec pour
les souffrances des Français. Abandonnant ces
détails puérils au vulgaire, nous proclamons
solennellement la régénération de l'univers,
l'émancipation du genre humain; et, blancs ou
noirs, juifs ou chrétiens, savans ou idiots, nous
n'avons pour tous qu'un seul poids, qu'une seule
mesure; semblables aux charlatans qui pres-
crivent le même spécifique pour toutes les
maladies.

Nos adversaires les plus prononcés convien-
nent que la France se meut dans un cercle
trop étroit, et l'expédient qu'ils proposent
pour sortir d'embarras, tend visiblement à
l'accroître. Si par l'excès de la civilisation,
nos ressources intérieures ne peuvent suffire
à nos besoins, il est instant d'y suppléer
par des moyens tirés de l'extérieur, et de nous
procurer ce qui nous manque en soumettant,
par la supériorité de nôtre intelligence, d'autres
peuples à travailler à notre profit. Quand tous
ceux avec lesquels nous sommes en relation
seront parvenus au même degré de civilisa-

tion que nous, ils éprouveront aussi les mêmes besoins ; de là naîtra immanquablement un conflit général qui dégénérera en guerre d'extermination, au bout de laquelle les vaincus recommenceront à servir les vainqueurs. L'unique changement qui résultera de tant de sang versé sera que les anciens maîtres deviendront esclaves, et que ceux qui furent esclaves seront maîtres à leur tour.

Tout tend à l'inégalité parmi les hommes. Que le prince élève le dernier de ses sujets jusqu'à lui, il ne sera pas plus tôt arrivé à son niveau qu'il voudra le dépasser. L'histoire est là pour attester cette vérité. Sitôt que les Grecs et les Romains cessèrent de subjuguer et de pressurer les nations barbares, ils en furent subjugués et pressurés par elles. La position de l'Europe à l'égard du Nouveau-Monde, sera pareille à celle de Rome et de Carthage : il est inutile de dire laquelle subira le sort de cette dernière. On m'objectera que ce danger est encore éloigné ; fort bien ; mais est-ce une raison pour s'efforcer de le rapprocher, quand il seroit facile de nous en préserver ?

Avant la révolution, Saint-Domingue pourvoyoit à l'entretien de cinq cents employés français, de sept à huit mille hommes de troupes, et nous rapportoit en sus près de cent millions. Cette somme auroit encore quadruplé lorsque la population auroit été portée à ce que la colonie pouvoit en contenir. C'est donc un produit de moins que nous avons, tandis que nos dépenses, depuis 1789, ont considérablement augmenté.

Pourquoi l'Inde est-elle une mine d'or pour l'Angleterre ? C'est qu'elle abuse de sa force pour imposer aux peuples de ces contrées, les conditions des échanges commerciaux, et de leur ignorance pour les faire travailler à son profit : ce profit, répandant les richesses chez elle, fait que des brasseurs amassent des fortunes immenses, des journalistes se font cinquante mille francs de revenus, et nos danseuses vont y lever de fortes contributions. Que les Indiens parviennent à s'éclairer, à connoître et apprécier les belles déclamations philosophiques que nous débitons sur les droits de l'homme, leur premier mouvement sera de refouler leurs oppresseurs vers l'Océan qui les leur a vomis : les revenus de l'Angleterre seront d'autant diminués. C'est en vain qu'elle en obtiendroit des traités avantageux à son commerce ; ils les enfreindroient dès qu'ils le pourroient sans crainte. Les bénéfices qu'elle fait en Europe sur les productions venues d'outre-mer proviennent principalement des facilités qu'elle s'est données à les avoir à vil prix sur les lieux, et des économies qu'elle fait sur les frais de manutention ; une fois que ces nations seront indépendantes et civilisées, elles transporteront elles-mêmes leurs productions dans nos ports : la Grande-Bretagne en éprouvera des pertes qui seront fatales à son repos. Si sa position est déjà telle que, pour se soutenir, il lui faille tout à la fois, employer les bras indiens à son service, fouiller les entrailles des montagnes du Pérou, explorer l'Afrique et faire, presqu'à elle seule, le commerce du monde, que lui faudra-t-il donc plus tard ? L'or qu'elle se procure momentanément élargit la sphère de ses besoins dans une égale proportion ;

mille causes imprévues pourront arrêter le cours de ses prospérités, et l'on sait qu'il n'est rien de plus facile aux hommes comme aux gouvernemens d'augmenter leurs dépenses ; mais, pour les diminuer, c'est autre chose. Si mes prévisions et mes raisonnemens sont justes, le système de M. Canning est faux. Le nombre et la supériorité de ses flottes le feront triompher long-temps des difficultés qu'il s'apprête ; mais plus tôt ou plus tard, il en ressentira les effets. On diroit que ce ministre est distrait du soin de l'avenir, par le désir qu'il a de nuire aux puissances maritimes de l'Europe. Il se trompe s'il croit que leur ruine enrichira beaucoup son pays, ou qu'il puisse être riche sans exciter la jalousie de voisins qui peuvent le perdre quand ils voudront. Le règne de l'habileté est de courte durée lorsqu'elle froisse tant de grands intérêts. L'instinct suffit au moins avisé pour lui faire à la fin comprendre qu'il est lésé.

C'est un spectacle curieux que de voir l'Angleterre parvenir à faire adopter à ses voisins

un système diamétralement opposé au sien.
Défaites-vous, leur dit-elle, de vos colonies,
moi, je garde les miennes, et malheur à leurs
habitans s'ils osoient tenter de secouer mon
joug! Je continuerai d'en faire exclusivement
le commerce. Pour celui des colonies dont vous
faites le sacrifice, je consens à le partager
avec vous, bien convaincue que je suis de
n'avoir rien à redouter de votre concurrence.
Je vous somme, au nom de l'*humanité*, d'a-
bolir la traite, tandis que moi, je vais porter
le fer et la flamme partout où il y a des
peuples vierges à exploiter. En effet, l'année
dernière, nous crûmes lire un conte extrait
des *Mille et une Nuits*, dans le récit d'un combat en Afrique, où les Anglais eurent cinq
mille hommes de tués, ce qui suppose une
perte quintuple du côté des indigènes. Cal-
culez combien la guerre en moissonnera encore avant qu'ils y soient impatronisés tout-à-
fait, et l'esprit sera épouvanté de tant d'hor-
ribles boucheries.

C'est un crime abominable sans doute que
d'acheter des êtres qui vivent comme des

brutes, se dévorent entre eux, pour les faire passer dans une condition plus paisible et plus douce; mais c'est une action très-méritoire, dont la philosophie s'enorgueillit que de les exterminer en masse. Que dire à cela? C'est une opinion à la mode aujourd'hui; tout est mode chez nous; espérons que celle du bon sens aura son tour.

L'abnégation de soi-même pour son prochain est une vertu admirable dans les particuliers; elle est un crime dans l'homme public: son devoir est de s'appliquer à accroître exclusivement la prospérité de son pays, et le bonheur de ses concitoyens. Cette tâche est assez belle pour qu'il y borne sa gloire et son ambition.

Il est indispensable qu'il y ait des hommes voués à travailler pour les autres; la société n'existeroit point autrement. Le soi-disant philosophe qui, du coin de son feu, prêche l'égalité, trouve fort commode d'avoir des valets à son service, et de savoir que des vignerons cuvent le bon vin, dont il dilatera sa sensualité, tandis qu'eux boivent la piquette.

L'administrateur, le poëte, le musicien seroient obligés de se livrer aux travaux les
plus grossiers si chacun avoit autant d'instruction qu'eux. Or, puisque l'on reconnoît
cette nécessité à l'égard de nos semblables,
en tout point, de nos compatriotes, de nos
proches, ne doit-elle pas être mieux sentie
relativement à des créatures à qui Dieu n'a
pas voulu accorder les mêmes dons physiques,
ni le même degré d'intelligence qu'à nous? Ne
faudroit-il pas conclure de cette différence,
que l'Eternel a entendu créer en elles des
êtres pour nous servir? Peut-être interprétons-
nous plus mal ses intentions, quand nous pré-
tendons que les animaux ont été produits
pour notre nourriture; car les tigres et les
crocodiles, s'ils parloient, en diroient bien
autant de nous.

Au surplus, que les nègres soient libres,
savans, rois chez eux, j'y consens; que si
nous allons les visiter, ils veuillent traiter
avec nous d'égal à égal, bien. Mais qu'après
les avoir légalement achetés et introduits dans
nos maisons en qualité de domestiques, ils

nous égorgent et s'emparent de nos fortunes ; [1] que le gouvernement chargé de nous prêter main-forte pour reprendre nos propriétés, les leur abandonne ; qu'il récompense nos bourreaux en leur visant le diplôme des dignités, titres, grades, dont il leur a plu de se gratifier ; distinctions qui sont ordinairement le prix des bons services, du mérite et de la vertu : c'est là le comble de la déraison, le renversement de toute idée de justice ; c'est un fait unique dans les annales historiques. Il n'y avoit que nos ministres actuels capables de le réaliser ; s'ils ont voulu se singulariser, ils y ont réussi, et je leur prédis une place à l'immortalité, immédiatement après l'individu qui incendia le temple d'Ephèse.

On a fait, nous dit-on, des propositions généreuses aux meneurs d'Haïti qui ont eu

---

[1] Je déclare être totalement désintéressé dans cette affaire : les ministres peuvent vendre, donner l'Univers entier, ils ne livreront jamais rien du mien. Tout ce que j'ai à prétendre aux biens d'ici-bas, se borne à six pieds de terre en long et trois en large après ma mort ; mais je sens ma raison se révolter à la vue des iniquités qui se commettent.

l'audace de les rejeter. Hé bien, il falloit incontinent aller nous saisir de cette tourbe de rebelles et les transporter sur les côtes d'Afrique. Arrivés à terre, on leur auroit dit : Voilà votre patrie, c'est là qu'on vous a pris ; nous vous rendons la liberté dont vous paroissez tant engoués ; nous sommes assez généreux pour faire le sacrifice de l'argent que vos personnes nous ont coûté, et assez humains pour ne pas vous faire expier vos méfaits, en vous infligeant quelques centaines de coups de nerf de bœuf.

Lorsqu'une entreprise comme celle dont nous sommes témoins a pu s'exécuter, et avoir des approbateurs en très-grande majorité parmi les hommes chargés d'éclairer l'opinion publique, il est permis de frémir sur les destinées futures de la France. Si un pareil fait avoit lieu en Angleterre, on ne verroit plus des radicaux, ni des ministériels ; il n'y auroit que des Anglais. Battons-nous, s'il le faut entre nous, se diroient-ils tout bas ; mais ne nous avilissons point aux yeux des étrangers.

C'est avec raison qu'on nous annonce hautement la *régénération* de la *vieille* Europe dans cinquante ans. Eh, quelle régénération, grand Dieu! S'il faut en juger par ce que l'Europe étoit en 1789, de ce qu'elle est aujourd'hui, et de ce qu'elle sera probablement à l'époque indiquée, on peut hardiment affirmer que notre révolution n'aura été que la foible esquisse de celle à venir. Ceux qui nous poussent vers ce drame effroyable, au milieu duquel la France disparoîtra peut-être du rang des nations, en prévoient-ils l'issue; savent-ils où ils nous mènent? Pas plus que ne le savoient les Voltaire, les Rousseau, etc....; et ils en seroient victimes comme les Bailly, les Condorcet, etc.... Ils sont eux-mêmes les instrumens d'un vice capital existant dans notre organisation sociale; vice que l'ignorance et les passions des ministres ¹ qui

---

¹ On sait néanmoins faire la part de chaque ministre en particulier. En outre des royalistes dont les meneurs se défaisoient, afin de n'être point gênés dans l'accomplissement de leurs pernicieux desseins, parmi ceux que nos adversaires vouloient compter dans leurs rangs, il

se sont succédé depuis la restauration ont encore augmenté. Si les libéraux avoient un plan fixe, je suis persuadé que leur but seroit noble; alors, nous nous entendrions facilement, au moins quant à moi, en nous faisant mutuellement des concessions compatibles avec l'humanité et les principes d'où dérive la tranquillité publique. Malheureusement, cela n'est point ainsi; ce sont des changemens, des bouleversemens, puis encore des changemens et des bouleversemens que l'esprit du siècle exige. Les affaires de Saint-Domingue, des Antilles, du Nouveau-Monde, de la Grèce, à peine achevées, on mettroit la main à l'œuvre pour le Portugal, l'Espagne, l'Italie, ainsi de suite.

Le désir de propager le gouvernement représentatif est le motif avoué de la ferveur innovatrice dont nous sommes tourmentés. Cependant plusieurs peuples de cette *vieille* Europe jouissent de ce genre d'institutions;

faut distinguer notamment M. le comte Roy, dont la conduite et l'administration méritent nos hommages.

d'autres s'acheminent sagement vers des améliorations, et il y en a plus d'un dont le silence
semble dire aux novateurs : Messieurs, sol-
licitez pour vous le mode de gouvernement
qu'il vous plaira ; mais soyez assez libéraux
pour nous laisser le nôtre ; permettez que nous
soyons heureux à notre manière. Vous êtes
contens des institutions que vous avez, rien de
mieux ; pourtant n'en faites pas tant les fiers ;
il y a peu de temps qu'elles vous ont été données, et l'histoire de votre existence, comme
nation, date de bien plus loin. En somme, vous
n'en êtes qu'à l'épreuve ; donnez-nous le loisir
d'en apprécier le mérite. Pour des *ennemis*
des lumières, ce ne seroit pas trop déraison-
ner ; et, d'ailleurs, ils peuvent s'apercevoir
que bon nombre des plus chauds partisans
des Chartes, en 1815, foulèrent aux pieds la
nôtre, et condamnèrent son auteur à un exil
éternel ; que naguère des conspirations per-
manentes menaçoient de nous replonger dans
le chaos ; en un mot, que l'Angleterre a ses
radicaux qui demandent une réforme com-
plète dans sa constitution. Tout cela n'est pas

encourageant pour eux, et justifie leur hésita-
tion.

Je ne rechercherai point cette fois à déter-
miner jusqu'à quel point sont fondées les
craintes et les espérances des deux opinions
qui nous divisent, l'une, tendant à favoriser
l'impétuosité du mouvement qui pousse la
société hors de sa sphère naturelle, l'autre,
s'efforçant de la retenir.

La France ayant causé les malheurs qui ont
affligé le monde, pourroit, peut-être, les ré-
parer et prévenir ceux dont il est menacé. Un
ministère, choisi parmi les personnages les
plus distingués du royaume, par la naissance,
les services, la fortune et les talens, s'entou-
rant d'hommes de mérite, comme eux, guidés
par la gloire d'être utiles au prince et à la
patrie, acquerroit une force immense ; il
obtiendroit tout ce qu'il voudroit, s'il savoit
accorder ses volontés avec la raison et l'équité.
Il réuniroit à lui les diverses nuances du parti
royaliste, lequel se grossiroit journellement de
tous ceux du parti contraire, qui sont vérita-
blement animés de l'amour du bien public,

et qui peut-être n'attendent pour venir à nous que l'instant de voir le gouvernement adopter une marche noble, généreuse et invariable. Je doute de voir jamais s'opérer en France un pareil phénomène ; mais je n'en désespère point.

J'ai dit dans le cours de cet écrit que les journaux libéraux indépendans ont mérité le reproche d'ingratitude que des feuilles ministérielles leur ont adressé : le *Courrier Français* doit principalement en encourir la peine. Dans son article du 18 de ce mois, il a la *mauvaise foi* d'attribuer à la philosophie tout l'honneur de l'émancipation de Saint-Domingue ; le *Courrier* se trompe ; cette mesure n'appartenant point à l'opinion qui défend les intérêts du trône légitime, l'honneur en est dû tout entier à l'incapacité et aux passions de nos hommes d'Etat ; ici je n'excepte personne ; dans un acte de cette importance, la responsabilité pèse indistinctement sur tous les membres du conseil du Roi. Je ne dispute pas qu'ils ne soient d'honnêtes gens dans toute l'acception du mot ; mais ils sont de fort mauvais ministres. Je ne voudrois pour preuves qu'ils ont mal fait de reconnoître la république d'Haïti, que l'approbation du *Courrier Français*. Je rends justice aux intentions, au caractère et au talent des écrivains qui le rédigent; mais je ne puis m'empêcher de faire observer qu'en cette circonstance, ils reproduisent exactement l'opinion exprimée, à l'époque la plus désastreuse de notre révolution, par les conventionnels Brissot et l'abbé Grégoire, et partagée par tous les régicides leurs complices. Nul assurément ne pense que les doctrines de ces hommes soient favorables à la légitimité; or, convenoit-il à des ministres qui se disent royalistes de les faire triompher? S'ils n'ont pas abjuré toute vergogne, les blâmes comme les éloges qu'ils reçoivent à cette occasion doivent également leur être des coups de poignard dans le cœur.

FIN.